QUESTIONNAIRE

POUR SERVIR À L'APPLICATION

A LA CARTE D'EUROPE

AUTORISÉ PAR L'UNIVERSITÉ

PUBLIÉ PAR MM. MORIN ET ENGELMANN

PARIS

IMPRIMERIE ET LIBRAIRIE CLASSIQUES

DE JULES DELALAIN

IMPRIMEUR DE L'IMPRIMERIE IMPÉRIALE DE FRANCE

RUE DES MATHURINS-SAINT-JACQUES

QUESTIONNAIRE

POUR SERVIR D'APPLICATION

A LA CARTE D'EUROPE

PUBLIÉE

PAR MM. MORIN ET ENGELMANN.

I. — NOTIONS GÉNÉRALES.

1. Qu'est-ce que l'Europe ?

La plus petite, mais en même temps la plus peuplée par rapport à son étendue, et la plus civilisée des cinq parties du monde. Elle occupe le N. O. de l'ancien continent.

2. Indiquez, en les montrant, les bornes de l'Europe.

Au N., l'océan Glacial arctique ;—à l'E., la mer Caspienne, le fleuve Kara, le fleuve Oural, les monts Ourals, qui la séparent de l'Asie ;—au S., le détroit de Gibraltar, la mer Méditerranée, la mer Noire, le mont Caucase ;—à l'O., l'océan Atlantique.

3. Montrez les points entre lesquels on compte la longueur et la largeur de l'Europe, en faisant connaître la distance qui les sépare.

L'Europe a 5,555 kilomètres de longueur, de l'embouchure du fleuve Kara, en Russie, au cap Saint-Vincent, en Portugal, et 3,888 kilomètres de largeur, du cap Nord, en Norwège, au cap Matapan, en Grèce.

4. Comment l'Europe se divise-t-elle?

En seize divisions principales, dont quatre au N. et à l'E., sept au centre et cinq au S.

5. Dites et montrez les contrées qui occupent le N. et l'E. de l'Europe.

Les îles Britanniques, le royaume de Danemark, celui de Suède et l'empire de Russie.

Celles qui sont au centre.

Le royaume de France, le royaume de Belgique, celui de Hollande, la république suisse, l'Allemagne propre ou Confédération germanique, le royaume de Prusse et l'empire d'Autriche.

Celles qui sont au S.

Le royaume d'Espagne, celui de Portugal, l'Italie, l'empire de Turquie et le royaume de Grèce.

6. Indiquez les mers qui baignent l'Europe, et leurs subdivisions, et montrez-les en les nommant.

L'océan Glacial arctique, au N., qui forme la mer Blanche et la mer de Kara ; — l'océan Atlantique, à l'O., qui forme la mer du Nord ou d'Allemagne, la mer Baltique, la mer de la Manche et la mer d'Irlande ; — la mer Méditerranée, au S., qui forme la mer de Sicile, la mer Adriatique, la mer Ionienne, l'Archipel, la mer de Marmara, la mer Noire et la mer d'Azof ; — la mer Caspienne, au S. E.

(3)

7. Montrez les golfes remarquables formés par la mer Blanche.

Les golfes de Kandalask, d'Oneg, de la Dvina ou d'Arkhangel et de Mézen.

Par la mer Baltique.

Le golfe de Bothnie, celui de Riga ou de Livonie, le golfe de Finlande, le golfe de Dantzick.

Par l'océan Atlantique.

Le Cattégat, le Zuiderzée, le golfe de Gascogne ou baie de Biscaye, le golfe de Solway.

Par la Méditerranée.

Le golfe du Lion et celui de Gênes.

Par la mer Ionienne.

Le golfe de Tarente, celui de Patras, le golfe de Corinthe ou de Lépante.

Par la mer Adriatique.

Le golfe de Trieste.

Par l'Archipel.

Le golfe de Salonique et celui d'Athènes.

8. Nommez et montrez les détroits qui unissent la mer du Nord à la mer Baltique.

Le Skager-Rack, le Sund, le grand Belt et le petit Belt.

Celui qui unit la mer du Nord à la Manche.

Le pas de Calais.

Celui qui joint *l'océan* Atlantique à la Méditerranée.

Le détroit de Gibraltar.

Ceux qui font communiquer l'Archipel, la mer de Marmara et la mer Noire.

Le détroit des Dardanelles et le canal de Constantinople.

9. Nommez et montrez quelques autres détroits moins importants.

Le canal d'Aland, qui unit la mer Baltique au golfe de Bothnie ; — le canal du Nord et le canal Saint-Georges, qui font communiquer la mer d'Irlande et *l'océan Atlantique ; — le détroit des Bouches de Bonifacio, entre la Corse et la Sardaigne ; — le détroit du Phare de Messine, entre la Sicile et l'Italie ; — le canal d'Otrante, qui unit la mer Ionienne à la mer Adriatique ; — le détroit d'Iénikalé, qui fait communiquer la mer Noire et la mer d'Azof.

10. Indiquez et montrez les principales îles situées dans l'océan Glacial arctique

Le Spitzberg, la Nouvelle-Zemble, les îles Vaigatz et Kalgouef, les îles Loffoden.

Dans la mer Baltique.

L'archipel Danois, où se trouvent les îles Seeland, Fionie, Laaland et Falster ; l'île Bornholm, les îles OEland et Gothland, l'archipel d'Aland, et les îles Dago et OEsel.

Dans l'océan Atlantique et les mers qui en dépendent.

L'archipel Britannique, comprenant la Grande-Bretagne, l'Irlande, les Schetland, les Orcades et les Hébrides ; les îles Færœe et l'Islande, les îles de Ré et d'Oleron, et l'archipel des Açores.

Dans la Méditerranée et ses annexes.

Les îles Baléares, la Corse, la Sardaigne, la Sicile, l'île de Malte, l'île d'Elbe, l'île de Candie ou de Crète, les îles Ioniennes, les Cyclades, les îles Lesina , Veglia et Cherso.

11. Nommez, en les montrant , les presqu'îles les plus remarquables de l'Europe.

La presqu'île Scandinave, comprenant la Suède et la Norwège ; la péninsule Hispanique, formée de l'Espagne et du Portugal ; l'Italie ; le Jutland ; la Morée, réunie au continent par l'isthme de Corinthe ; la Crimée, que joint au continent l'isthme de Pérékop.

12. Indiquez et montrez les principaux caps.

Le cap Jélania ou Désiré, en Russie ; le cap Nord, en Suède ; le cap Skagen , au N. du Jutland ; le cap de la Hague, en France ; les caps Finistère et Trafalgar, en Espagne ; les caps Roca et Saint-Vincent, en Portugal ; le cap Corse, au N. de la Corse ; les caps Leuca, d'Anzo et Spartivento, en Italie ; les caps Faro et Passaro, en Sicile ; le cap Tavalaro , au S. de la Sardaigne ; le cap Matapan, en Morée.

13. Indiquez, en les montrant, les chaînes de montagnes qui couvrent une partie de l'Europe.

Les monts Ourals ; les Alpes scandinaves, dont les

Dofrines sont une ramification ; les Pyrénées ; les Alpes, qui occupent le centre de l'Europe ; les Apennins ; les monts Carpathes, les monts Balkans, le Caucase, les Vosges, les Cévennes, le Jura ; les monts Cantabres et Ibériques, qui sillonnent la surface de la péninsule Hispanique.

14. Quels sont les volcans principaux qu'on y remarque ?

L'Hécla, en Islande ; le Vésuve, en Italie ; l'Etna, en Sicile.

15. Enumérez et montrez les cours d'eau les plus importants qui affluent à l'océan Glacial arctique.

La Petchora et la Tana.

A la mer Blanche.

La Dvina, l'Onéga et le Mézen.

A la mer Baltique.

Le Glommen, le Dal, la Tornéa, l'Oder, le Niémen, la Néva, la Duna et la Vistule.

A la mer du Nord.

L'Elbe, l'Ems, le Weser, le Rhin, la Meuse, l'Escaut, la Tamise et l'Humber.

A la Manche.

La Somme et la Seine.

A l'océan Atlantique.

Le Shannon, la Loire, la Charente, la Gironde, l'Adour, le Minho, le Douro, le Tage, la Guadiana et le Guadalquivir.

A la Méditerranée.

L'Ebre, le Rhône, l'Arno et le Tibre.

A la mer Adriatique.

Le Pô, l'Adige et le Drin.

A la mer Noire.

Le Danube, le Dniéper, le Dniester et le Kouban.

A la mer d'Azof.

Le Don.

A la mer Caspienne.

L'Oural et le Volga, le plus grand fleuve de l'Europe.

16. Désignez, en les montrant, les lacs les plus considérables de l'Europe.

Les lacs Wener, Wetter et Mælar, en Suède ; — les lacs Imandra, Enara, Onéga, Ladoga, Biélo, Péipous et Sélinga, en Russie ; — les lacs Balaton, de Neusiedel et de Zirknitz, en Autriche ; — les lacs Majeur, de Garde et de Côme, en Italie ; — le lac de Zante, en Turquie.

ILES BRITANNIQUES.

17. Dites et montrez les bornes de l'archipel des îles·Britanniques.

Au N. et à l'O., l'océan Atlantique ; — à l'E., la mer du Nord ; — au S., la Manche et le pas de Calais.

18. Quelles sont les grandes îles dont se compose cet archipel ?

La Grande-Bretagne et l'Irlande.

19. Quelles sont les îles secondaires ?

Les Sorlingues, l'île de Wight, les Schetland, les Orcades, les Hébrides, les îles de Man et d'Anglesey.

Montrez la Grande-Bretagne, — l'Irlande, — les Sorlingues, — l'île de·Wight, — les Schetland, — les Orcades, — les Hébrides, — l'île de Man, — l'île d'Anglesey.

20. Comment se divise l'île de la Grande-Bretagne ?

En trois parties, les royaumes d'Angleterre et d'Ecosse et la principauté de Galles.

Montrez l'Angleterre, — ·l'Ecosse, — la principauté de Galles.

21. Enumérez, en les montrant, les différents points que les îles Britanniques possèdent dans diverses autres contrées de l'Europe.

L'île d'Helgoland, dans la mer du Nord ; — les îles de Guernesey, de Jersey et d'Aurigny, dans la·Manche ; — le groupe de Malte et les îles Ioniennes, dans la Méditerranée ; — Gibraltar, en Espagne.

22. Quelles sont les montagnes qui sillonnent le sol de la Grande-Bretagne?

Les monts Cheviots, qui séparent l'Angleterre de l'Ecosse ; — les monts Grampians, en Ecosse.

Montrez les Cheviots, — les Grampians.

23. Quels cours d'eau remarque-t-on en Angleterre? Nommez-les en montrant leur embouchure.

La Tamise, l'Humber, la Saverne et la Mersey.

En Écosse?

La Tweed, le Tay, la Clyde.

En Irlande?

Le Shannon.

24. Indiquez et montrez les villes principales de l'Angleterre.

Londres, capitale ; Liverpool, Manchester, Birmingham, Bristol, Hull, Leeds, York, Newcastle, Oxford, Cambridge, Douvres, Sheffield, Cantorbéry, Brighton, Greenwich, Southampton, Portsmouth, Yarmouth, Plymouth et Falmouth.

De l'Écosse.

Edimbourg, capitale ; Leith, Glasgow et Aberdeen.

De l'Irlande.

Dublin, capitale ; Belfast, Limerick et Cork.

DANEMARK.

25. Quelles sont les bornes du Danemark ? Nommez-les en les montrant.

Au N., le Skager Rack ; — à l'E., le Cattégat, le détroit du Sund et la mer Baltique ; — au S., l'Allemagne ; — à l'O., la mer du Nord.

26. Dites et montrez les pays dont se composent les Etats danois.

1° l'archipel Danois ; 2° le Jutland et le duché de Sleswig ; 3° les duchés de Holstein et de Lauenbourg, qui font partie de la Confédération germanique ; 4° l'Islande et les îles Færœe.

27. Indiquez et montrez les principales îles.

Seeland, Fionie, Laaland et Langeland.

Celles que le Danemark possède dans la mer du Nord.

Les îles de Sylt et d'Amrom.

28. Dites, en les montrant, les golfes et détroits qu'on y distingue.

On n'y remarque qu'un golfe important, celui du Cattégat ; les détroits principaux sont ceux du Skager-Rack, du Sund, du grand Belt et du petit Belt.

29. Indiquez et montrez-en les villes principales.

Copenhague, capitale ; Elseneur, Aalborg, Altona, Sleswig et Odensé.

SUÈDE ET NORWÈGE.

30. Montrez les bornes de la monarchie suédoise.

Au N., l'océan Glacial arctique; — à l'E., la Russie, le golfe de Bothnie et la mer Baltique; — au S., la mer Baltique, — au S. O., le Sund, le Cattégat et le Skager-Rack; — à l'O., l'océan Atlantique.

31. Quelles en sont les principales divisions?

Elle comprend la Suède, à l'E., et la Norwège, à l'O.

Montrez la Suède; — la Norwège.

32. Notez et montrez les plus importantes îles qui en dépendent.

Les îles OEland et Gothland, dans la mer Baltique; — les îles Loffoden, dans l'océan Glacial arctique.

33. Dites, en les montrant, les montagnes qui en couvrent le sol.

Les Alpes scandinaves ou les Dofrines.

34. Nommez les principaux cours d'eau qui l'arrosent et montrez leur embouchure.

La Tornéa, la Luléa, l'Uméa et le Dal, tributaires de la mer Baltique; — la Gotha, qui se jette dans le Cattégat; — le Glommen, affluent du Skager-Rack; — la Tana, qui débouche dans l'océan Glacial.

35. Indiquez et montrez les villes remarquables de la Suède.

Stockholm, capitale; Gothembourg, Upsal, Carlscrone, Calmar, Christianstad.

Celles de la Norwège.

Christiania, capitale; Bergen, Christiansand, Dron-theim, Hammerfest.

RUSSIE.

36. Quelles sont les bornes de la Russie d'Europe ? Montrez-les.

Au N., l'océan Glacial arctique ; — à l'E., l'Asie, dont le fleuve Kara, les monts Ourals, le fleuve Oural et la mer Caspienne la séparent ; — au S., le mont Caucase, la mer Noire et la Turquie d'Europe ; — à l'O., la Turquie d'Europe, l'Autriche, la Prusse, la mer Baltique, la Suède et la Norwège.

37. Dites et montrez les îles qui en dépendent ?

La Nouvelle-Zemble, dans l'océan Glacial arctique ; — les îles Aland, Dago et OEsel, dans la mer Baltique.

38. Indiquez, en les montrant, les principales montagnes.

On n'y remarque que les monts Ourals ou Poyas, qui séparent en partie l'Europe de l'Asie.

39. Dites les principaux cours d'eau de la Russie et montrez leur embouchure.

La Kara et la Petchora, qui se jettent dans l'océan Glacial ; — l'Onéga, la Dvina, le Mézen, dans la mer Blanche ; — le Volga et l'Oural, dans la mer Caspienne ; — la Tornéa, la Duna, la Néva, le Niémen et la Vistule, dans la mer Baltique ; — le Dniester et le Dniéper, dans la mer Noire ; — et le Don, dans la mer d'Azof.

40. Indiquez, en les montrant, les villes les plus importantes de la Russie.

Saint-Pétersbourg, capitale ; Cronstadt, Riga, Moscou, Iaroslav, Novogorod, Odessa, Vilna, Kazan, Astrakhan, Arkhangel, Kiev, Sévastopol, Orenbourg.

41. Montrez la position de la Pologne, et citez ses villes principales.

La Pologne, située à l'O. de la Russie, à laquelle elle appartient, offre Varsovie, capitale ; Praga, Kalisch, Lublin.

42. Où est située la république de Cracovie ? Montrez sa capitale.

Elle est au S. de la Pologne et ne présente que Cracovie.

FRANCE.

43. Montrez la position de la France en Europe et les mers qui la baignent.

La France occupe l'extrémité occidentale de la partie centrale de l'Europe ; elle est baignée au N. par la mer du Nord ; — au N. O., par la Manche ; — à l'O., par l'océan Atlantique ; — au S., par la Méditerranée.

(Voir, pour les détails, la Carte spéciale de ce royaume, des mêmes auteurs, et le Questionnaire particulier qui lui est consacré.)

44. Montrez la vaste contrée que la France possède dans le N. de l'Afrique, en face de ses côtes méridionales, ainsi que les montagnes et les principales villes qu'on y remarque.

La France y possède l'Algérie, qu'elle a conquise en 1830 ; la chaîne de l'Atlas la couvre de ses ramifications. On y distingue, entre autres villes, Alger, capitale ; Oran, Tlemcen, Mascara, Bone, Constantine.

BELGIQUE.

45. Indiquez, en les montrant, les bornes de la Belgique.

Au N., la Hollande ; — à l'E., la Hollande et la Prusse ; — au S., la France ; — à l'O., la France et la mer du Nord.

46. Dites les fleuves qui l'arrosent ; montrez léur embouchure.

La Meuse, qui s'y grossit de la Sambre et de l'Ourthe ; — l'Escaut, qui y reçoit la Lys.

47. Citez-en et montrez-en les lieux les plus remarquables.

Bruxelles , capitale ; Louvain , Anvers , Malines , Bruges, Gand, Ostende, Mons, Liége, Tournay, Courtray, Verviers, Namur, Spa.

HOLLANDE.

48. Quelles sont les bornes de la Hollande ? Montrez-les.

Au N., à l'O., la mer du Nord ; — à l'E., les royaumes de Prusse et de Hanovre ; — au S., la Belgique.

49. Dites et montrez les îles principales qui en dépendent ?

Texel, Walcheren, Thoren, Nord-Beveland et Sud-Beveland.

50.*Indiquez les fleuves qui la baignent ; montrez leur embouchure.

Le Rhin, la Meuse et l'Escaut.

51. N'y a-t-il pas un golfe et un lac remarquables ? Nommez-les et montrez-les.

Le golfe du Zuiderzée et le lac de Harlem.

52. Dites, en les montrant, les villes principales.

'La Haye, capitale ; Amsterdam, la ville la plus considérable ; Rotterdam, Harlem, Leyde, Bréda, Utrecht, Nimègue , Groningue , Maestricht , 'Flessingue et Luxembourg qui fait partie de la confédération germanique.

SUISSE.

53. Indiquez les bornes de la Suisse ; montrez-les.

Au N., la France et l'Allemagne ; — à l'E., l'Allemagne et l'Italie ; — au S., l'Italie ; — à l'O., la France.

54. Dites les montagnes qui la couvrent ; montrez-en la position.

La Suisse est sillonnée par les Alpes, qui y montrent, entre autres sommets élevés, le mont Rose, le Finster-Aarhorn, la Iungfrau, le Simplon, le grand Saint-Bernard, le Saint-Gothard.

55. Indiquez les principaux lacs, en les montrant.

Le lac Léman ou de Genève, ceux de Neuchâtel, de

Constance, de Zurich, et le lac de Lucerne ou des Quatre-Cantons.

56. Dites et montrez les villes qu'on y distingue.

Genève, Bâle, Berne, Fribourg, Lucerne, Neuchâtel, Lausanne, Zurich, Schaffhouse, Soleure, Altorf, Porentruy.

CONFÉDÉRATION GERMANIQUE.

57. Quelles sont les pays qui composent la Confédération germanique ?

Les 36 Etats qui forment l'Allemagne propre, plus certaines parties de la Prusse, de l'Autriche, de la Hollande et du Danemark.

58. Nommez, en montrant leur position, les Etats principaux qui forment l'Allemagne propre.

Une partie de la Prusse et de l'Autriche ; — la Hollande pour la partie orientale du grand-duché de Luxembourg ;—le royaume de Bavière ;—le royaume de Wurtemberg ; — le royaume dé Saxe ; — le royaume de Hanovre ; — le grand-duché de Bade ; — le grand-duché de Hesse-Darmstadt ;—le grand-duché de Hesse-Cassel ; — le grand-duché de Mecklenbourg-Schwerin ; — le grand-duché d'Oldenbourg ; — le grand-duché de Saxe-Weimar ; — le duché de Nassau; — le duché de Brunswick ; — le duché de Saxe-Cobourg-Gotha ; — les villes libres de Francfort-sur-le-Main, Hambourg, Brême et Lubeck.

59. Faites connaître, en les montrant, les principales montagnes.

Les montagnes du Hartz, du Thuringerwald*, de

l'Ertz ; les Alpes-de Souabe et les montagnes de la Forêt-Noire.

60. Nommez les fleuves les plus importants et montrez leur embouchure.

L'Elbe, l'Ems, le Weser, le Rhin et le Danube.

61. Dites les deux grandes divisions de la Bavière en montrant sa position.

La Bavière se compose de deux parties distinctes : la Bavière propre, dans le S. E. de l'Allemagne propre ; et la Bavière rhénane, située sur la rive gauche du Rhin, et contiguë au département français du Bas-Rhin.

62. Nommez et montrez les principales villes de la Bavière propre.

Munich, capitale du royaume ; Augsbourg, Nuremberg, Ratisbonne.

Celles de la Bavière rhénane.

Spire, Landau et Deux-Ponts.

63. Indiquez et montrez la position et les limites du Wurtemberg.

Le royaume de Wurtemberg est situé dans la partie S. O. de l'Allemagne propre ; il a au N. le grand-duché de Bade et la Bavière ; — à l'E., ce dernier pays ; — au S., la Bavière, la Suisse et le grand-duché de Bade ; — à l'O., cette dernière contrée.

64. Nommez et montrez les villes principales de ce royaume.

Stuttgart, capitale ; Tubingue, Ulm et Friedrichshafen.

65. Faites connaître la position et les bornes du royaume de Saxe, en les montrant.

Situé dans la partie orientale de l'Allemagne propre, il a au N. la Prusse ; — à l'E., l'Autriche et la Prusse ; — au S., l'Autriche et la Bavière ; — à l'O., ce dernier royaume et les duchés de Saxe.

66. Indiquez, en les montrant, les villes les plus importantes.

Dresde, capitale ; Leipsick, Bautzen et Zittau.

67. Quelles sont la position et les limites du royaume de Hanovre ? Montrez-les.

Situé dans la partie N. O. de l'Allemagne propre, il a au N., la mer du Nord, le Danemark, le grand-duché d'Oldenbourg et les grands-duchés de Mecklenbourg ; — à l'E., la Prusse et le duché de Brunswick ; — au S., la Prusse, le grand-duché de Hesse-Cassel et les principautés de Lippe ; — à l'O., la Hollande.

68. Dites et montrez les principaux lieux de cet Etat.

Hanovre, capitale ; Emden, Gœttingue, Lunebourg et Goslar.

69. Désignez la position et les villes principales du grand-duché de Bade ; montrez-les.

Situé dans la partie S. O. de l'Allemagne, le long de la rive droite du Rhin, qui le sépare de la Suisse, de la France et de la Bavière rhénane, ce grand-duché présente, entre autres villes, Carlsruhe, capitale ; Fribourg-en-Brisgau, Manheim, Heidelberg, Constance, Bade et Kehl.

70. Indiquez la position et les villes principales du grand-duché de Hesse-Darmstadt.

Situé dans la partie centrale de l'Allemagne, au N. du grand-duché de Bade, il offre Darmstadt, capitale ; Mayence, Worms et Offenbach.

71. Dites et montrez la position et la capitale du grand-duché de Hesse-Cassel.

Il est, comme le précédent, qui le confine au S., dans la partie centrale de l'Allemagne. On y remarque Cassel, capitale ; Hanau et Fulde.

72. Désignez la position, la capitale et les villes principales du grand – duché de Mecklenbourg-Schwerin. Montrez-les.

Il est situé dans la partie septentrionale de l'Allemagne, le long de la mer Baltique, au N. O. de la Prusse. On y distingue Schwerin, capitale ; Rostock et Ludwigslust.

73. Indiquez, en les montrant, quelques autres villes importantes de l'Allemagne propre.

Francfort-sur-le-Main, Hambourg, Brême, Lubeck, Wisbaden, Brunswick, Weimar, Gotha et Oldenbourg.

PRUSSE.

74. Faites connaître les deux grandes divisions du royaume de Prusse. Montrez leur position.

Ce royaume se divise en deux parties distinctes, la Prusse propre, dont la portion occidentale fait partie de l'Allemagne, dans le N. de laquelle elle se trouve, et la Prusse rhénane, au N. E. de la France.

75. Dites et montrez les bornes et les divisions de la Prusse propre.

Bornée au N. par la mer Baltique et les grands-duchés de Mecklenbourg, à l'E. par la Russie et la Pologne, au S. par l'Autriche et la Saxe, à l'O. par les duchés de Saxe et de Brunswick et le royaume de Hanovre, la Prusse propre comprend le Brandebourg, la Poméranie, la Saxe, la Silésie et la Westphalie, qui appartiennent à l'Allemagne ; — plus la Prusse et le grand-duché de Posen, qui ne font pas partie de la Confédération germanique.

76. Dites et montrez les bornes et les divisions de la Prusse rhénane.

La Prusse rhénane, que le duché de Brunswick sépare de la Prusse propre, touche à l'O. à la Hollande et à la Belgique et au S. O. à la France ; elle forme le grand-duché du Bas-Rhin.

77. Y distingue-t-on des montagnes ? Montrez-les.

Oui. D'abord les monts Sudètes, sur les frontières de l'Autriche ; puis les montagnes des Géants, qui se rattachent vers l'E. aux monts Sudètes.

78. Quels en sont les cours d'eau importants ? Montrez leur embouchure.

Le Niémen, le Prégel, la Vistule, l'Oder, l'Elbe, le Weser, l'Ems et le Rhin.

79. Nommez et montrez les villes principales de la Prusse propre.

Berlin, capitale ; Brandebourg, Potsdam, Francfort-sur-l'Oder, Stettin, Stralsund, Breslau, Glogau, Magdehourg , Erfurt, Munster, et Minden, en Allemagne ; — Kœnigsberg, Dantzick, Memel, Thorn , Tilsit, Posen , Bromberg , hors de la Confédération.

80. Nommez et montrez les villes principales de la Prusse rhénane.

Cologne , Dusseldorf , Coblentz , Aix-la-Chapelle, Trèves, Elberfeld, Bonn.

AUTRICHE.

81. Quelle est la position de l'empire d'Autriche, quelles sont ses bornes et ses grandes divisions? Montrez-les.

L'empire d'Autriche occupe une grande partie de l'Europe centrale: il est borné au N., par la Prusse, la Saxe, la Pologne et la Russie ; — à l'E., par la Russie et la Turquie ; — au S., par ce dernier empire, la mer Adriatique et l'Italie ; — à l'O., par le royaume de Sardaigne, la Suisse et la Bavière. Il se partage en treize divisions principales, dont six, savoir : l'archiduché d'Autriche, le comté du Tyrol, les royaumes de Bohême et d'Illyrie, le duché de Styrie et le margraviat de Moravie, appartiennent à l'Allemagne ; et dont les sept autres, les royaumes de Hongrie , de Galicie, de Dalmatie, de Croatie, d'Esclavonie et Lombard-Vénitien, et la grande-principauté de Transylvanie, ne font pas partie de la Confédération germanique.

82. Quelles sont les montagnes qui en sillonnent le sol? Montrez-les.

Les Alpes Rhétiques et Noriques, les monts Sudètes et les monts Carpathes.

83. Dites les fleuves qui l'arrosent, ainsi que leurs principaux affluents, en montrant leur embouchure.

Le Danube, la Vistule, l'Oder, l'Elbe, le Pô, l'Adige et le Dniester ; le premier reçoit, entre autres cours d'eau, la Morava, l'Ens, l'Inn, la Drave, la Save, la Theiss et le Pruth.

84. Nommez et montrez les villes les plus importantes de l'empire d'Autriche :

Vienne, capitale ; Lintz, Steyer, Neustadt, Trente, Inspruck, Laybach, Klagenfurt, Trieste, Idria, Grælz, Eisenerz, Prague, Carlsbad, Tœplitz, Brunn, Austerlitz, Olmutz, en Allemagne ; — Lemberg, Brody, Wieliczka, Bude, Pesth, Presbourg, Debretzin, Agram, Schemnitz, Tokay, Eszek, Klausenbourg, Hermanstadt, Cronstadt, Zara, Spalatro, Raguse, Peterwardein, Milan, Côme, Pavie, Bergame, Crémone, Mantoue, Venise, Padoue, Vérone, Vicence et Lodi, hors de la Confédération.

PORTUGAL.

85. Indiquez les bornes du Portugal, en les montrant.

Au N. et à l'E., l'Espagne ; — au S. et à l'O., l'océan Atlantique.

86. Quelles sont les îles principales qui en dépendent ? Montrez-les.

Le groupe des Berlingues et l'archipel des Açores, dont les principales sont Terceire et Saint-Michel.

87. Ce royaume présente-t-il quelques chaînes de montagnes ? Montrez-les.

Oui : la serra da Estrella et la serra de Monchique.

88. Indiquez les cours d'eau les plus importants ? Montrez leur embouchure.

Le Minho, le Douro, le Tage, la Guadiana et le Mondégo.

89. Nommez et montrez les principales villes du Portugal.

Lisbonne, capitale ; Sétuval, Braga, Porto, Bragance, Evora, Coïmbre, Tavira et Faro.

·ESPAGNE.

90. Faites connaître les bornes de l'Espagne. Montrez-les.

Au N., la France et l'océan Atlantique ; — à l'E., la Méditerranée ; — au S., la Méditerranée et l'océan Atlantique ; — à l'O., cette même mer et le Portugal.

91. Indiquez, en les montrant, les principales îles qui lui appartiennent.

Les îles Baléares, dans la Méditerranée, dont les principales sont Majorque, Minorque et Ivice.

92. Dites et montrez les montagnes principales qui en hérissent le sol.

Les Pyrénées, les monts Cantabres et Asturiques, les monts Ibériques.

93. Quels sont les cours d'eau les plus remarquables auxquels ce royaume donne naissance? Montrez-les.

La Bidassoa, le Minho, le Tage, la Guadiana et le Guadalquivir, tributaires de l'océan Atlantique; — l'Ebre, le Guadalaviar, le Xucar et la Segura, affluents de la Méditerranée.

94. Nommez et montrez les villes principales de l'Espagne.

Madrid, capitale; Aranjuez, Almaden, l'Escurial, Saint-Ildéphonse, Tolède, Santiago, la Corogne, le Ferrol, Oviédo, Léon, Salamanque, Valladolid, Burgos, Ségovie, Saint-Sébastien, Bilbao, Pampelune, Saragosse, Tarragone, Barcelone, Badajoz, Valence, Murcie, Alicante, Carthagène, Séville, Cadix, Cordoue, Xérès, Grenade et Malaga.

95. Les Anglais n'ont-ils pas une possession sur le côtes de l'Espagne? Montrez-la.

Ils y possèdent Gibraltar, forteresse considérable et port important, sur le détroit qui lui doit son nom.

96. Dites, en les montrant, la position et la capitale de la république d'Andorre.

Ce petit Etat, renfermé dans les Pyrénées, entre la France et l'Espagne, a pour capitale la petite ville du même nom.

ITALIE.

97. Qu'est-ce que l'Italie? Montrez sa position.

L'Italie, vaste contrée de l'Europe méridionale, se compose d'une grande presqu'île et de plusieurs îles importantes et renferme divers Etats.

98. De quels pays se compose-t-elle? Montrez-les.

De dix Etats : les royaumes de Sardaigne, Lombard-Vénitien et des Deux-Siciles ; du grand-duché de Toscane ; des duchés de Parme, de Modène et de Lucques ; des Etats de l'Eglise, de la principauté de Monaco et de la république de Saint-Marin.

99. Quelles sont les îles qui en dépendent?

La Sardaigne, la Sicile, l'île d'Elbe, les îles d'Ischia et Capri, les îles de Lipari, l'île de Malte.

Montrez l'île de Sardaigne; — la Sicile; — l'île d'Elbe; — l'île d'Ischia; — l'île de Capri; — les îles de Lipari; — l'île de Malte.

100. Y remarque-t-on quelques chaînes de montagnes? Montrez-les.

Les Alpes et les Apennins.

101. L'Italie ne renferme-t-elle pas quelques volcans? Montrez-les.

Oui : le Vésuve, près de Naples ; l'Etna, en Sicile.

102. Quels sont les cours d'eau les plus importants de cette contrée ? Montrez leur embouchure.

L'Adige, le Pô, la Brenta, la Piave et le Tagliamento, qui se jettent dans la mer Adriatique ; — l'Arno, l'Ombrone, le Tibre et le Volturno, tributaires de la Méditerranée.

103. Indiquez, en les montrant, les lacs qui y méritent une mention.

Les lacs de Garde, d'Iséo et de Côme, les lacs Majeur, de Lugano, de Bolsène ; le lac de Pérouse, si célèbre autrefois sous le nom de Trasimène.

104. Dites la position et les bornes du royaume de Sardaigne. Montrez-les.

Il occupe le N. O. de l'Italie, et est borné au N. par la Suisse ; — à l'E. par le royaume Lombard-Vénitien et par les duchés de Parme et de Modène ; — au S. par la Méditerranée, et à l'O. par la France.

105. Quelles sont ses principales divisions ? Montrez-en la position.

La principauté du Piémont, les duchés de Savoie et de Gênes, le comté de Nice et l'île de Sardaigne.

106. Dites et montrez la position de l'île de Sardaigne.

Elle est située dans la Méditerranée, au S. de la Corse, dont elle est séparée par le détroit des Bouches de Bonifacio.

107. Nommez et montrez les principales villes du royaume de Sardaigne.

Turin, capitale; Alexandrie, Novare, Nice, Port-Maurice, Gênes, Chambéry, Aix, Cagliari et Sassari.

108. Désignez, en les montrant, la position et les villes de la principauté de Monaco?

Elle est enclavée dans le royaume de Sardaigne et baignée par la Méditerranée ; on y remarque Monaco, capitale, et Menton.

109. Indiquez, en les montrant, la position du royaume Lombard-Vénitien.

Ce royaume, qui occupe le N. de l'Italie, fait partie de l'empire d'Autriche. (V. le n° 81).

110. Nommez et dites les principales villes de ce royaume.

Milan, capitale; Venise, Vérone, Bergame, Pavie, Mantoue, Crémone.

111. Indiquez la position et les villes principales du duché de Parme. Montrez-les.

Ce duché, situé dans le N. de l'Italie, au S. O. du royaume Lombard-Vénitien, offre Parme, capitale; Plaisance et Guastalla.

112. Où se trouve le duché de Modène? Quelles sont ses principales villes? Montrez-les.

Ce duché est au S. du royaume Lombard-Vénitien. On y remarque Modène, capitale ; Reggio et Carrare.

113. Faites connaître la situation et la capitale du duché de Lucques. Montrez-les.

Situé dans la partie centrale de l'Italie, il a pour capitale la ville du même nom.

114. Quelles sont la position et les bornes du grand-duché de Toscane? Montrez-les.

Situé dans la partie centrale de l'Italie, cet Etat est resserré entre les Etats de l'Eglise et la Méditerranée.

115. Quelle île importante en dépend? Montrez-la.

L'île d'Elbe.

116. Nommez et montrez les villes principales du grand-duché de Toscane.

Florence, capitale; Sienne, Pise, Livourne, Porto-Ferrajo.

117. Quelles sont la position et les bornes des Etats de l'Eglise? Montrez-les.

Ils occupent la partie centrale de l'Italie, et touchent au N. au royaume Lombard-Vénitien et à la mer Adriatique; — au S., au royaume des Deux-Siciles et à la Méditerranée; — à l'O., à cette même mer et au grand-duché de Toscane.

118. Nommez et montrez les villes principales.

Rome, capitale; Ostie, Civita-Vecchia, Pérouse, Ancône, Rimini, Ravenne, Bologne, Ferrare, Bénévent.

119. Dites et montrez quelle est la position, ainsi que la capitale, de la république de Saint-Marin?

Elle est enclavée dans les États de l'Église et a pour capitale la petite ville du même nom.

120. Quelle position occupe le royaume des Deux-Siciles ? Montrez-le.

Il occupe toute la partie méridionale de l'Italie.

121. Quelles en sont les divisions principales ? Montrez-les.

Il se partage en deux grandes divisions : le royaume de Naples, à l'extrémité du continent italien, et l'île de Sicile, qui n'en est séparée que par le détroit du Phare de Messine.

122. Nommez et montrez les villes remarquables du royaume de Naples.

Naples, capitale du royaume des Deux-Siciles ; Pouzzoles, Capoue, Salerne, Tarente, Brindes, Reggio.

123. Nommez et montrez les principales villes de la Sicile.

Palerme, Messine, Catane, Syracuse, Girgenti.

124. Quel groupe d'îles dépend de l'Italie ? Montrez-le et dites sa capitale.

C'est le groupe de Malte, dont la principale île est celle de ce nom, qui a pour capitale la Valette ; il appartient aux Anglais.

TURQUIE.

125. Où se trouve la Turquie? Montrez-la.

Elle occupe la partie S. E. de l'Europe.

126. Dites et montrez quelles en sont les bornes.

Au N., la Russie et l'Autriche ; — à l'E., la mer Noire et celle de Marmara ; — au S., l'Archipel et la Grèce ; — à l'O., les mers Ionienne et Adriatique et l'Autriche.

127. Quelles sont les grandes divisions de cet empire? Montrez-les.

La Romélie, la Bulgarie, la Bosnie, l'Albanie, la Thessalie, la Macédoine, qui forment la Turquie propre; et les principautés tributaires de Moldavie, de Valachie et de Servie.

128. La Turquie ne possède-t-elle pas quelques îles importantes? Montrez-les.

Oui : dans l'Archipel, Tasso, Imbro, Lemno ; dans la Méditerranée, l'île de Candie.

129. N'y distingue-t-on pas quelques montagnes ? Montrez-les.

Les monts Carpathes, au N.; les monts Balkans, au centre.

130. Indiquez les principaux cours d'eau. Montrez leur embouchure.

La Maritza, le Karasou et la Salembria, tributaires

de l'Archipel ; — le Drin et la Narenta, affluents de la mer Adriatique ; — le Danube, qui se jette dans la mer Noire.

131. Nommez et montrez les villes principales de la Turquie propre.

Constantinople, capitale ; Andrinople, Gallipoli, Salonique, Sophie, Varna, Bosna-Séraï, Ianina, Tricala, Larisse.

132. Dites et montrez celles des principautés tributaires.

Iassy, capitale de la Moldavie ; Boukharest, capitale de la Valachie ; Semendria, capitale de la Servie ; Belgrade, en Servie.

GRÈCE.

133. Quelles sont la position et les limites de la Grèce ? Montrez-les.

Ce royaume, situé au S. de la Turquie, est baigné de tous les autres côtés par la mer : l'Archipel le touche à l'E., la Méditerranée au S., et la mer Ionienne à l'O.

134. Comment ce royaume se divise-t-il ? Montrez ses principales divisions.

En trois parties : la Grèce propre ou Livadie, au N.; la Morée ou Péloponnèse, au S.; et les îles de l'Archipel.

135. Nommez et montrez les principales îles qui en dépendent.

Négrepont, Skiro, Syra, Naxie, Paro, Santorin, Colouri, Egine, Hydra.

136. Faites connaître les montagnes que l'on y remarque. Montrez-les.

Le Pinde , le Parnasse , le Cythéron , l'OEta , le
Taygète.

137. Quels sont les principaux fleuves qui l'arrosent? Montrez leur embouchure.

L'Iri, l'Aspro-Potamo, le Mavro-Potamo.

138. Nommez et montrez les villes les plus importantes de la Grèce propre.

Athènes , capitale du royaume ; Thèbes , Lépante ,
Missolonghi.

Celles de la Morée.

Nauplie, Argo, Corinthe, Patras, Coron, Navarin,
Mistra, Monembasie ou Napoli de Malvoisie.

Celles qui se trouvent dans les îles.

Négrepont, Syra, Naxie et Paro, dans les îles qui
portent les mêmes noms.

139. Qu'est-ce que les îles Ioniennes? Dites et montrez leur position.

C'est une république sous la protection de l'Angleterre, et composée de sept îles, dont six, celles de
Corfou, Paxo, Sainte-Maure, Théaki, Céphalonie et
Zante, dans la mer Ionienne, à l'O. de la Grèce, et une,
celle de Cérigo , dans la Méditerranée, au S. du même
royaume.

140. Nommez et montrez-en les villes principales.

Corfou, capitale, et Zante.

EXERCICES GÉNÉRAUX.

141. Montrez la position de la mer Méditerranée, — de la Manche, — de la mer Noire, — de la mer Baltique.

Faire des questions analogues sur les autres mers.

142. Montrez la position de la France, — du Portugal , — de la Grèce , — de la Russie , — du Danemark, — de la Hollande.

Faire des questions analogues sur les autres contrées.

143. Par quelle mer la France est-elle baignée au N., au N. O., à l'O., au S.? — Par quelle mer l'Espagne est-elle baignée au N., à l'E.?

Faire des questions analogues sur les autres contrées.

144. Dites et montrez dans quelle contrée coule la Seine, — la Tamise, — la Garonne, — le Rhin, — le Tage, — le Pô, — le Danube, — le Volga.

Faire des questions analogues sur les autres fleuves.

145. Dans quelle mer se jette la Dvina? — la Néva? — la Vistule? — l'Elbe? — la Tamise? — la Seine? — le Shannon? — la Loire? — le Tage? — l'Ebre? — le Rhône? — le Pô? — le Danube? — le Don ? — le Volga?

Faire des questions analogues sur l'embouchure des autres fleuves.

146. Indiquez sur la carte Paris, — Londres, — Saint-Pétersbourg, — Rome, — Constantinople, — Berlin, — Genève , — Cadix.

Faire des questions analogues pour les autres villes importantes.

147. Dans quelle mer se trouve la Grande-Bretagne? — le Spitzberg? — la Corse? — l'Irlande? — la Sardaigne?— Candie? — Malte?— les Cyclades?

Faire des questions analogues sur les autres îles.

148. Indiquez les mers et les détroits que vous franchiriez pour vous rendre par mer du cap Nord à la mer d'Azof, en passant entre la Grande-Bretagne et la France, entre la Corse et la Sardaigne, et entre la Sicile et le continent italien.

149. Quelle direction prendriez-vous pour aller de l'Irlande au golfe de Finlande? — au détroit de Gibraltar? — des îles Baléares à l'île de Malte? — au détroit de Constantinople?

150. Par quels pays passeriez-vous pour aller de Madrid à Saint-Pétersbourg? — de Saint-Pétersbourg à Constantinople? — de Constantinople à Vienne?

151. Par quelle mer ou contrée passeriez-vous pour aller de Londres à Rome? — à Saint-Pétersbourg? — à Constantinople? — d'Ajaccio à Londres? — à Stockholm? — à Odessa?

152. Montrez les directions que suivrait un voyageur qui de Paris se rendrait à Constantinople, en passant par les capitales des royaumes de Belgique, de Hanovre, de Prusse, de Saxe, et de l'empire d'Autriche, et reviendrait à Paris par celles des royaumes de Grèce et des Deux Siciles, des Etats de l'Eglise, de la Toscane, des duchés de Modène et de Parme, du royaume Lombard-Vénitien et du canton suisse de Genève.

Indiquer divers voyages à faire dans différentes directions sur les principaux points de l'Europe.

GRANDES

CARTES GÉOGRAPHIQUES

Ces cartes sont spécialement adaptées au Nouveau Cours d'Enseignement Élémentaire, publié par M. G. Belèze et autorisé par l'Université.